AF339541

CONSÉQUENCES JURIDIQUES

DU

SAUVETAGE DES NAUFRAGÉS

PAR

M. DEMOLIÈRE

ADMINISTRATEUR DE 1ʳᵉ CLASSE DE L'INSCRIPTION MARITIME

PARIS

LIBRAIRIE MILITAIRE R. CHAPELOT ET Cⁱᵉ

IMPRIMEURS-ÉDITEURS

30, Rue et Passage Dauphine, 30

—

1908

CONSÉQUENCES JURIDIQUES

DU

SAUVETAGE DES NAUFRAGÉS

Observation préliminaire.

Au cours de cette étude nous emploierons le mot « sauvetage »
pour désigner le secours apporté aux personnes naufragées, et nous
réserverons le nom d' « assistance » pour l'aide donnée aux navires
dans un péril imminent. Nous pensons conserver ainsi aux mots
leur sens usuel, car, dans le langage courant, le mot « sauvetage »
a toujours quelque chose d'humanitaire.

Les jurisconsultes désignent généralement, sous le nom de sauvetage, les faits prévus par les articles 26 et suivants du livre IV,
titre IX de l'ordonnance de 1681 [Épaves recueillies en mer ou sur
les côtes ou tirées du fond de la mer] et ils les distinguent de l'assistance : secours donnés à un navire en péril, mais non abandonné
par son équipage.

Trouver une épave et la ramener « en bon lieu de sauvement »
est un fait qui, à notre avis, se rapproche davantage de l' « inven-
tion » prévue par l'article 716 du Code civil que du sauvetage tel
que l'opinion publique l'entend. Cela peut être une opération commerciale plus ou moins difficile, plus ou moins avantageuse, mais
cela n'implique pas une idée de générosité et de dévouement.

Aussi réserverons-nous le noble nom de sauveteurs à ceux qui
recueillent des êtres humains en danger de périr.

I.

Position de la question.

Un navire rencontre en mer un autre bâtiment en détresse. Impuissant à sauver le matériel, il recueille du moins le personnel en danger, prend à son bord l'équipage naufragé et le conduit au premier port de relâche.

Quel est le lien juridique qui unit, dès lors, les naufragés et leur sauveteur? Quels sont les droits de celui-ci? Se bornera-t-on à l'indemniser de ses dépenses, ou bien lui accordera-t-on une rétribution et, dans ce cas, quelle base faut-il adopter, quel est le prix des vies humaines arrachées à la mort? Indemnité ou rétribution, quel en est le débiteur définitif : les naufragés, leur armateur ou l'État?

Enfin, si notre législation est imparfaite sur ces questions, comment conviendrait-il de la compléter ? N'y a-t-il pas lieu de rendre le sauvetage obligatoire pour tous ceux qui auraient pu intervenir utilement et d'organiser une caisse pour régler les dépenses résultant de cette intervention ?

Telles sont les questions que nous voudrions étudier en quelques pages.

Elles n'ont rien d'inédit. Les problèmes de l'assistance et du sauvetage en mer se posent presque journellement; ils ont été examinés par de nombreux auteurs et la jurisprudence paraît, à leur sujet, aussi fixée que la doctrine.

Cependant il nous a semblé qu'il y avait intérêt à traiter spécialement du secours apporté aux naufragés indépendamment de toute assistance au navire lui-même. Dans la plupart des ouvrages sur la matière, le sauvetage des vies humaines n'est envisagé que accessoirement, après que l'auteur a recherché et défini les droits de l'assistant sur les choses qu'il a préservées. Dans la jurisprudence, les jugements en matière d'assistance sont nombreux, mais ils font complètement défaut en matière de sauvetage proprement dit, dans le sens où nous employons ce mot.

On paraît croire, en effet, que, lorsque le navire n'a pas été secouru efficacement, le fait de recueillir l'équipage naufragé ne relève que des lois de la conscience. C'est affaire de dévouement dit-on, et non pas de code; et, par une sorte de pudeur, on n'insiste pas sur ce sujet.

Certes, il serait désirable de ne jamais voir se poser les questions juridiques qui naissent à l'occasion du secours donné par un navire à des naufragés. Mais l'expérience prouve que les réclamations peuvent, à tout moment, se produire. Ces droits, auxquels le capitaine du navire sauveteur, dans l'élan généreux de son dévouement, ne songe pas, l'armateur peut s'en prévaloir ensuite, et dès lors, il nous faut bien faire taire le sentiment pour examiner froidement les conséquences juridiques de l'acte qui a pu, tout d'abord, être dicté par le plus noble instinct de générosité.

D'ailleurs, le sauvetage d'un équipage naufragé peut, dans certains cas, être l'occasion de grandes dépenses pour le navire assistant. Sur le banc de Terre-Neuve, par exemple, si un voilier de pêche recueille l'équipage d'un autre bâtiment sombré à ses côtés, il se verra contraint par la force des choses d'abandonner les lieux de pêche pour aller débarquer à Saint-Pierre ses passagers d'occasion. C'est une perte de temps qui peut devenir considérable si les vents sont contraires. La médaille que le ministre de la marine décernera au capitaine pour son dévouement n'indemnisera pas l'armateur des dépenses occasionnées par le sauvetage.

De même, dans les mers d'Islande, une goélette paimpolaise ou dunkerquoise sera obligée d'aller conduire à terre les naufragés dont elle aura pu sauver la vie, car l'exiguïté des logements du bord ne permet pas d'y abriter un double équipage.

Dans l'un et l'autre cas, son acte de dévouement fera perdre au sauveteur plusieurs jours de pêche et les résultats de sa campagne s'en ressentiront certainement.

Dans quelle mesure et par qui devra-t-il être indemnisé?

Le code ne le dit pas. Très précis pour tout ce qui concerne la conservation des biens, il est absolument muet en ce qui touche au sauvetage des personnes.

Ce silence de la loi est une raison de plus pour rechercher les principes qui, à défaut de texte, devront nous guider.

II.

Du montant de l'indemnité de sauvetage.

Remarquons tout d'abord qu'il s'agit d'*indemnité* et non pas de rémunération, c'est-à-dire du simple remboursement des dépenses faites, avec exclusion de toute idée de gain ou de bénéfice.

Décider que le sauveteur en sera pour ses frais et devra se contenter de la satisfaction morale du devoir accompli serait injuste et maladroit.

En intervenant au secours des naufragés, le sauveteur a, en somme, assumé une charge qui incombait à autrui, il a agi comme « gérant d'affaires ». Pour le compte de qui ? Nous l'examinerons tout à l'heure, mais ce qui est dès maintenant incontestable, c'est que, dans l'intérêt pressant d'autrui, il s'est engagé dans certaines dépenses qui, par conséquent, devront lui être remboursées si elles ont été utiles.

En outre des principes juridiques, l'intérêt des navigateurs l'exige, car s'il devait toujours supporter les conséquences pécuniaires de son acte, le sauveteur hésiterait peut-être à l'accomplir.

Nous n'avons certes pas l'intention de mettre en doute le dévouement légendaire des gens de mer. Chacun sait que l'on trouve toujours des hommes de cœur pour armer un canot de sauvetage ou mettre une embarcation à la mer dans les conditions les plus périlleuses ; les marins ne reculent pas devant le danger. Mais seraient-ils aussi entreprenants devant les risques financiers, devant les dépenses que leur armateur pourrait leur reprocher plus tard ? Il ne faudrait pas connaître leur caractère pour l'affirmer.

Tel capitaine qui est prêt à risquer bravement sa vie ne devra-t-il pas réfléchir avant de lancer son navire dans une opération de sauvetage ?

S'il se fait des avaries, ne pourra-t-il pas craindre de voir les assureurs prétendre que l'on a dénaturé, aggravé les risques, en faisant du sauvetage et non pas de la navigation courante [1] ? Et, dès lors, quelle sera sa responsabilité en face de son armateur ? Il serait excusable d'en avoir le souci.

Pour éviter ces difficultés, il est indispensable que le sauveteur soit indemnisé de ses frais et de ses risques, qui comprendront les dépenses engagées et un dédommagement pour le temps perdu.

Ce droit à une indemnité est tellement évident qu'il paraît inutile d'insister.

Faut-il aller plus loin et admettre le droit du sauveteur à une rémunération ?

Certains auteurs le prétendent [2], tout au moins en ce qui concerne le sauvetage des naufragés d'un bâtiment affecté au transport des passagers. Ce transport est une opération commerciale et l'armateur qui en retire les bénéfices doit, disent-ils, en supporter les risques avec leurs conséquences lorsqu'il y a lieu.

Ils pourraient ajouter que les passagers sont en quelque sorte la cargaison du paquebot. Or, la jurisprudence reconnaît, en matière d'assistance, que la rémunération de l'intervenant doit être proportionnelle à la valeur du navire assisté et de sa cargaison. Pourquoi en serait-il autrement en matière de sauvetage ? D'ailleurs, le sauvetage de cette cargaison humaine met, en une certaine mesure, le transporteur à l'abri des réclamations que la perte de ses passagers n'aurait pas manqué de provoquer. L'armateur du bâtiment perdu profite donc indirectement du sauvetage des naufragés et, dès lors, ne serait-il pas équitable qu'il rémunère le sauveteur dont l'heureuse intervention a contribué à le mettre hors de cause ?

A un autre point de vue, les partisans de la rémunération font remarquer que le navire qui intervient dans un sauvetage se trouve parfois lui-même en péril. Dans ce cas, pourquoi son armateur n'aurait-il pas droit à un dédommagement en raison du préjudice grave auquel il a été exposé ? S'il s'était agi d'une assistance au lieu

---

[1] Il est extrèmement probable que, en fait, les assureurs n'opposeraient pas cette fin de non-recevoir ; mais, en droit, il semble que rien ne pourrait les en empêcher. Le texte des polices d'assurances maritimes françaises, formule de 1903, ne paraît pas avoir prévu le cas de sauvetage. Dans certaines polices, une clause additionnelle stipule qn' « il est permis au navire... de faire tout remorquage et sauvetage... ».

L'insertion facultative de cette clause prouve bien que la question n'est pas réglée par les conditions générales de l'assurance.

[2] De Courcy, *Questions de droit maritime*, 3ᵉ série, pages 39 et suivantes.

d'un sauvetage tel que nous l'entendons, si l'on avait mis hors de danger des choses et non pas seulement des personnes, la question ne ferait pas de doute, et les tribunaux n'hésiteraient pas à indemniser l'armateur du navire assistant en raison des risques qu'il a courus [1].

Pourquoi le sauveteur serait-il autrement traité ?

Ne faut-il pas, en un mot, appliquer au sauvetage les règles que la jurisprudence a posées en matière d'assistance ?

Nous ne le pensons pas. La différence provient de la nature même du lien qui unit le sauveteur et le sauvé.

A la base de l'assistance, en effet, nous trouvons toujours un contrat de louage de services; contrat formel conclu par écrit, ou verbalement, ou même par signaux, ou bien contrat tacite résultant de ce que l'assistance n'a pas été repoussée. C'est en vertu de ce contrat que le navire assisté devra une indemnité et même une rémunération au navire assistant.

Le sauvetage au contraire ne peut pas être basé sur un contrat du même genre, car, lorsque son navire est complètement perdu, le capitaine n'est plus qu'un simple naufragé; il n'a plus qualité pour contracter en engageant son armateur; il n'a plus aucun pouvoir.

Le pacte auquel il consentirait ne pourrait lier que lui-même, et la valeur de ce contrat individuel serait, au surplus, fort discutable.

Conclu en présence d'un péril imminent, alors que la volonté de l'intéressé était, pour ainsi dire, viciée et annihilée par l'affolement du danger, le pacte serait pour le moins annulable pour violence morale, conformément aux articles 1112 et suivants du Code civil, s'il n'était pas radicalement nul pour défaut absolu de consentement. Nous estimons même qu'il serait inexistant comme étant sans objet licite. Il n'est pas admissible en effet que l'on puisse discuter le prix auquel la vie d'un naufragé pourra être sauvée, ce marchandage serait odieux et immoral; la vie humaine n'est pas dans le commerce et, par conséquent, ne peut pas faire l'objet d'une convention (art. 1128, Code civil).

Le contrat serait encore inexistant comme ayant une cause illicite,

---

[1] Voir dans ce sens, jugement du tribunal d'Alger, du 16 janvier 1905. Autran, tome XX, page 896.

car la cause est illicite, dit l'article 1133, quand elle est contraire à
l'ordre public; or, toute spéculation faite sur un sauvetage de naufragés est incontestablement contraire à l'ordre public.

Cependant, dans ses *Questions de droit maritime*, de Courcy
déclare qu'il ne voit pas de raison pour « dispenser le naufragé riche
de rémunérer le plus signalé service qui puisse lui être rendu[1] ».

L'argument est insuffisant. Personne en effet ne discute au naufragé le droit de récompenser son sauveteur; il s'agit seulement de
savoir si cette rémunération s'impose comme un devoir légal. En
l'absence d'un texte précis, ce devoir ne se présume pas et ne peut
s'appuyer sur aucun principe juridique. La reconnaissance peut en
faire une obligation morale qui relèvera de la conscience, et l'opinion publique applaudira le geste du riche naufragé qui récompen-
sera généreusement son bienfaiteur, mais la gratitude n'est pas
imposée par le code et nous ne pouvons pas la reconnaître comme
juste cause d'une obligation civile.

Il est donc impossible de parler de contrat lorsqu'il s'agit du lien
juridique qui unit le sauveteur et le sauvé; il ne peut pas y avoir de
pacte conclu par le capitaine au nom de l'expédition dont il était le
chef, il ne peut pas y avoir davantage de contrat individuel valable.
C'est au principe de la gestion d'affaires que le sauvetage doit être
rattaché.

En mettant un être humain hors d'un péril imminent, le sauveteur agit dans l'intérêt général et pour le compte de qui de droit.
Toute idée de bénéfice, de lucre, de rémunération, doit être écartée,
c'est un gérant d'affaires, et, à ce titre, il a droit au remboursement
de ses frais et de ses dépenses utiles; il doit être indemnisé, mais
ne doit pas être rémunéré.

Reprenant notre exemple du début, nous dirons que la goélette
de pêche qui, sur les bancs de Terre-Neuve ou d'Islande, recueille
l'équipage d'un autre bâtiment naufragé et le conduit en lieu sûr
a le droit de demander le remboursement de ses frais (nourriture
des naufragés, fourniture de vêtements, etc.) et une indemnité en
raison du temps passé au sauvetage, de l'abandon forcé des lieux
de pêche et du manque à gagner qui en résulte.

---

[1] De Courcy, *Questions de droit maritime*, 3e série, pages 39 et suivantes.

III.

Du débiteur de l'indemnité.

Cette indemnité, qui devra la payer? Le naufragé, son armateur ou l'État.

En principe, les dépenses engagées par un gérant d'affaires lui sont remboursées par celui qui en profite. Or, qui profitera du sauvetage plus que le sauvé lui-même? On serait donc tenté de conclure immédiatement que le sauveteur devra s'adresser à lui pour se faire indemniser de ses frais.

Une pareille réclamation aurait tout d'abord quelque chose de choquant, mais je ne veux pas insister sur les arguments de sentiment.

Présenter la note à payer à ceux dont on vient de sauver la vie serait un geste non seulement peu chevaleresque, mais, le plus souvent, inutile. Les gens de mer ne sont jamais riches, surtout lorsqu'ils viennent de faire naufrage, et le recours que le sauveteur aurait contre eux serait presque toujours illusoire.

Aussi nous estimons qu'il convient de mettre absolument hors de cause les naufragés eux-mêmes. Loin de leur réclamer ses frais, le sauveteur qui les a recueillis devra, le plus souvent, pourvoir à leurs besoins les plus pressants, leur fournir de la nourriture et des vêtements.

Pour se faire rembourser, il devra s'adresser à celui qui était responsable de leurs vies, à celui qui avait assumé la charge de pourvoir à leur subsistance et à leur rapatriement, à l'armateur.

Le premier débiteur de l'indemnité de sauvetage est, à notre avis, l'armateur du navire naufragé. Cette obligation est fondée sur les principes généraux de l'engagement des gens de mer et sur les textes spéciaux qui régissent leur rapatriement.

L'engagement des gens de mer, en effet, est un contrat de louage de services; or, il est de la nature du contrat de louage que, lors de sa résiliation, l'engagé soit replacé dans les conditions où il a été pris; le rapatriement incombe au maître.

Or, recueillir des naufragés en mer, les conduire à leur port, les remettre entre les mains d'une autorité qui prendra charge d'eux, n'est-ce déjà pas commencer à les rapatrier? Le sauvetage est le premier acte du rapatriement[1]; les deux faits sont inséparables et leurs dépenses sont indivisibles; l'armateur est tenu de payer les unes comme les autres.

En est-il le seul débiteur? L'État ne devrait-il pas en être solidairement responsable avec lui? C'est une question que nous examinerons tout à l'heure.

Pour le moment, nous tenons à dégager cette première conclusion que nous formulerons ainsi : « L'indemnité de sauvetage doit tout d'abord être réclamée à l'armateur du navire auquel appartenaient les naufragés. »

Remarquons que cet armateur n'est pas forcément insolvable. Son navire a pu être prématurément abandonné en mer par l'équipage, et avoir été ramené ensuite par une tierce personne. Même si le bâtiment a péri, même après un sinistre, les épaves recueillies peuvent présenter une valeur appréciable sur laquelle l'indemnité de sauvetage pourra être utilement imputée en même temps que les frais de rapatriement auxquels elle est liée.

. Mais dans le cas où le navire est complètement perdu sans laisser le moindre débri, s'il a sombré en mer, par exemple, quelle sera la situation de notre sauveteur auquel l'armateur opposera une fin de non-recevoir basée sur l'article 258 du Code de commerce? N'aura-t-il aucun recours pour se faire rembourser des frais que son acte de dévouement lui aura occasionnés ?

Il pourrait d'abord se retourner vers l'assureur du navire et demander à exercer ses droits sur l'indemnité due à l'armateur sinistré.

Le principe de la subrogation de l'assurance à la chose assurée a été introduit dans notre législation par la loi du 19 février 1889. Un arrêté de la Cour de Paris, du 24 juillet 1896, a admis que ce principe s'applique aux assurances maritimes et s'étend aux salaires et autres dépenses privilégiées, et par conséquent aux frais de rapatriement et de sauvetage qui en sont l'accessoire.

Mais la question est cependant très discutée en doctrine comme en jurisprudence. Après un nouvel arrêt de a Cour de Paris, en

---

[1] Voir dans ce sens : Dépêche ministérielle à Dunkerque, du 8 décembre 1902 (Navigation commerciale).

date du 17 avril 1907, qui a statué dans le même sens que l'arrêt précité de 1896, le débat a été porté devant la Cour de cassation qui ne s'est pas encore prononcée... *Et adhuc sub judice lis est.*

Quoi qu'il en soit, il n'est pas certain à l'heure actuelle que les frais de rapatriement et leurs accessoires puissent être repris sur l'indemnité d'assurance. Aussi est-il probable que notre sauveteur cherchera à s'adresser d'un autre côté. Désarmé en face d'un armateur insolvable, il se retournera vers l'État.

L'État, en effet, est, par définition, le gardien et le défenseur des intérêts de la collectivité. Or, c'est pour le bien général que le sauveteur a recueilli ces naufragés qu'il ne connaissait pas ; c'est dans un but humanitaire qu'il les a soignés, et c'est à la société qu'il les a rendus.

Toute vie humaine représente une valeur sociale, et la collectivité s'enrichit de toutes les existences arrachées à la mort. Dès lors, s'il profite, même indirectement, de l'heureuse intervention du sauveteur, pourquoi l'État ne contribuerait-il pas à l'indemniser ; et que pourrait-il répondre à sa réclamation ?

Et le sauveteur ne manquerait pas d'ajouter que le devoir d'assistance dont il s'est spontanément chargé incombait à l'État qui a précisément parmi ses fonctions de veiller à la sécurité générale.

Partout des services publics ont été organisés pour combattre les grands fléaux, les incendies, les épidémies ; partout les faibles, les malades sont assistés et défendus contre les forces aveugles de la nature ; à tous les désespérés de la vie, à toutes les pauvres épaves humaines, à tous ceux qui vont sombrer dans le torrent du malheur, l'État s'efforce de tendre une main secourable ; pourquoi ne ferait-il pas également quelque sacrifice pour les naufragés de la mer ?

Et si une tierce personne s'est chargée pour lui de les mettre hors de danger, il semble équitable qu'il reconnaisse cette utile intervention en indemnisant le sauveteur de ses dépenses en cas d'insolvabilité du débiteur principal : l'armateur.

A l'appui de cette thèse, on pourrait encore faire utilement valoir l'article 17 du décret du 22 septembre 1891 [1]. Ce texte met, en effet, à la charge de l'État, les frais de rapatriement d'un équipage en cas

---

[1] D'après certains auteurs, ce décret a force de loi. Voir à ce sujet Lyon-Caen et Renault, tome V, page 271.

de naufrage du navire et d'insuffisance de ses produits. Si l'indemnité de sauvetage est, comme nous l'avons dit plus haut, l'accessoire des frais de rapatriement elle doit, comme ceux-ci, être imputée sur le Trésor public dans le cas qui nous occupe.

Le ministre de la marine l'a toujours admis, et les dépêches ministérielles du 8 décembre 1902 et du 17 janvier 1903 (Navigation commerciale), ont accordé à un armateur de Dunkerque une indemnité de 4,080 francs en raison du « manque à gagner » dont il a souffert pendant le temps employé par un de ses navires au sauvetage de l'équipage d'une goélette dans les mers d'Islande. Plusieurs autres décisions ont, pendant les années suivantes, été rendues dans le même sens. Cependant, il serait désirable qu'un texte vienne dire clairement si, en cas d'insolvabilité de l'armateur responsable, le sauveteur peut demander à l'État le remboursement de ses dépenses.

Pour engager une pareille responsabilité, un texte législatif est indispensable. Il comblerait les lacunes du code en matière d'assistance et de sauvetage et mettrait fin à de nombreuses difficultés.

IV.

Projet d'une réglementation nouvelle en matière de sauvetage.

Mais puisqu'il s'agit de légiférer, puisque nous nous proposons d'innover, on nous permettra de profiter de l'occasion pour indiquer les principes sur lesquels une réglementation nouvelle devrait être basée. Nous avons étudié jusqu'ici les relations juridiques que le sauvetage fait naître, telles quelles sont dans notre législation ; examinons maintenant ce qu'elles devraient être.

On peut d'abord se demander si le sauvetage des naufragés ne devrait pas être obligatoire pour tout navire se trouvant dans les conditions favorables pour l'effectuer.

La question s'est débattue au congrès international de droit maritime, tenu à Paris en 1900, et a fait l'objet d'une discussion très longue et très chaude[1].

La lutte s'était engagée entre l'esprit d'utilitarisme des races

[1] Voir le compte rendu dans Autran, tomes XV et XVI.

anglo-saxonnes et l'esprit plus particulièrement chevaleresque de nos représentants [1]. L'effort de ces derniers n'a malheureusement pas abouti à faire adopter l'idée la plus généreuse, et le congrès, à la majorité de six nations contre quatre [2], a décidé qu'il n'y a pas lieu de créer l'obligation de secours pour d'autre cas que l'abordage.

Mais ce jugement n'est peut-être pas définitif et sans appel ; un nouveau congrès pourrait reprendre la question, et, en attendant, nous essaierons.de présenter quelques arguments nouveaux en faveur de l'obligation du secours.

Ce n'est pas, je le répète, que nous songions à mettre en doute le dévouement spontané des marins. Nous savons que les annales maritimes enregistrent journellement les actes de leur courage et de leur désintéressement ; à l'heure du danger, on peut être sûr de trouver toujours des hommes de bonne volonté pour tenter la manœuvre la plus périlleuse et la plus hardie, car il y a, chez les gens de mer, un sentiment de solidarité humaine plus profond que partout ailleurs. Cependant des défaillances peuvent se produire, et nous sommes obligés de constater, par exemple, que tout dernièrement encore, en janvier 1908, une embarcation contenant trois survivants du vapeur *Charles-Thiberghien* erra pendant douze jours dans les mers de Chine. Le septième jour, les naufragés se crurent sauvés lorsqu'un cargo-boat, attiré par leurs signaux, s'approcha ; mais le navire, après avoir reconnu l'embarcation, s'éloigna et disparut, estimant sans doute que quelques vies humaines ne valaient pas une perte de temps. De tels faits sont odieux et la conscience humaine les réprouve ; mais ceux qui les commettent se soucient peu de l'estime des honnêtes gens.

Aussi l'on est amené à penser qu'il ne suffit pas d'une sanction platonique pour punir la violation de cette grande loi naturelle d'assistance, et qu'il serait utile de transformer en obligation positive cette obligation morale de secours ; on frapperait ainsi d'une peine tangible d'amende ou de prison ceux que la réprobation universelle laisserait indifférents.

Mais, disent les partisans de la non-obligation, le droit positif n'a

<hr>

[1] Notamment MM. Govare, Morel-Spiers, de Valroger.
[2] Les partisans de l'obligation étaient la France, la Belgique, l'Italie, le Japon.
Les opposants étaient l'Angleterre, l'Allemagne, les États-Unis, la Hollande, la Suède, la Norvège.

pas pour mission de sanctionner les ordres de la conscience. Sans doute, lorsque ces préceptes de la conscience n'intéressent que l'individu, celui-ci est libre de ne pas les suivre, et la loi ne saurait l'obliger à être vertueux malgré lui. Mais dès qu'il s'agit d'un devoir social, le droit et la morale se confondent, le bien devient l'utile et mérite d'être imposé dans l'intérêt général.

Or, l'intérêt général de la navigation exige que le secours soit garanti par le législateur aux marins en détresse ; le devoir d'humanité doit donc devenir un devoir légal.

On objecte encore que, sur terre, nul n'est obligé d'agir comme le bon Samaritain de la Parabole à l'égard des détressés rencontrées. La loi n'oblige pas le passant à venir en aide à la personne qu'il voit tomber à l'eau, ni à secourir la victime d'un accident quelconque, et l'on en conclut qu'il n'y a pas de raison pour qu'il en soit autrement en mer.

Les situations sont cependant radicalement différentes.

A terre, si l'aide de l'un vient à manquer, on a l'aide de l'autre ; et, à défaut de l'assistance bénévole des passants, on peut tout au moins se fier à l'appui des représentants de l'autorité, de la police, des services publics chargés de veiller à la sécurité générale.

En mer, au contraire, on ne peut compter que sur le navire qui passe. Ce navire est une parcelle de la nation dont il porte le pavillon, il la représente en quelque sorte et remplace à lui seul les services publics qui font forcément défaut. Aux yeux du naufragé, le sauveteur n'est plus un individu, mais apparaît comme le représentant de la collectivité. Il agit comme gérant d'affaires, avons-nous dit, mais son intervention a tous les caractères de la « gestion administrative »[1], et, faire un sauvetage en mer, c'est, en quelque sorte, remplir une fonction sociale.

D'ailleurs, il est inexact de dire que le secours aux personnes en danger n'est jamais obligatoire dans notre législation. En cas d'incendie, par exemple, si nous refusons de faire la chaîne et de porter des seaux d'eau, nous nous voyons frapper d'une amende. L'idée du législateur est difficile à démêler en cette matière, mais il nous semble que, dans les cas d'accidents individuels, le secours aux

---

[1] Voir la théorie de la gestion administrative de Hauriou (*Précis du droit administratif*, p. 231).

victimes n'est pas imposé. Devant les grands fléaux, au contraire, devant l'incendie, l'épidémie, lorsqu'il s'agit de lutter contre la brutalité des forces de la nature, la solidarité pour la résistance contre le péril commun devient un devoir légal. S'il en est ainsi, sur terre, pourra-t-il en être autrement lorsqu'il s'agira de secourir les victimes de la mer ?

Ces raisons nous font souhaiter que le secours aux naufragés devienne obligatoire pour tout navire se trouvant dans les conditions voulues.

Il l'est déjà en cas d'abordage, conformément à l'article 4 de la loi du 10 mars 1891, dont les prescriptions sont sévèrement sanctionnées. On ne saurait cependant en tirer un argument général, car l'obligation réciproque de l'abordeur et de l'abordé se rattache à un délit ou quasi-délit présumé de l'une des parties, et ce lien juridique fait défaut dans les autres cas de sauvetage.

L'obligation du secours est encore imposée en certaines circonstances par le Code de justice militaire pour l'armée de mer du 4 juin 1858. Aux termes de l'article 273 (§ 3) de ce Code, tout commandant d'une portion quelconque des forces navales de la France est puni de la destitution s'il a, « sans motif légitime, refusé des secours à un ou plusieurs bâtiments amis ou ennemis implorant son assistance dans la détresse ».

Quelle que soit la nationalité des navires en danger, qu'ils soient amis ou ennemis, qu'ils soient vaisseaux de guerre ou bâtiments de commerce, en temps de paix comme en temps de guerre, la loi ne distingue pas, et donne à tous le droit d'être secourus par la flotte de l'État.

La protection est générale et s'applique à tous les cas; la refuser serait un crime contre le *devoir maritime* suivant la belle expression employée par le code lui-même comme titre de ce chapitre (chapitre II, titre II, livre IV).

Il y a quelque chose de magnanime dans cet article 273. Inviter tous les naufragés en détresse, en toute circonstance, à se confier à la protection des navires de guerre français est un geste grandiose que le code de justice maritime a noté d'une manière éloquente et concise.

Réciproquement, le même Code crée aux navires de commerce

un devoir d'assistance envers les bâtiments de l'État. D'après l'article 362, « tout capitaine d'un navire de commerce français qui refuse de porter secours à un bâtiment de l'État dans la détresse est puni d'un emprisonnement de six mois à deux ans ».

L'obligation du secours est donc réalisable puisqu'elle existe dans certains cas, et cette constatation de fait répond aux arguments de ceux qui déclarent *a priori* que les sanctions de la loi seraient, à ce sujet, inapplicables. Qu'on ne vienne donc plus prétendre qu'un tribunal ne saurait, dans le calme du prétoire, apprécier les circonstances qui, en face du danger, imposaient le secours ou excusaient l'abstention; qu'on ne nous dise plus que seul le capitaine responsable peut et doit juger sans appel s'il est, ou non, dans les conditions voulues pour porter un secours efficace; nous nous contenterons de répondre en montrant que l'obligation de l'assistance existe déjà dans nos lois. Le principe est posé, il suffit de le généraliser.

Certes, son application serait difficile, et la tâche serait lourde pour le tribunal devant lequel comparaîtrait un capitaine inculpé de refus de secours à des naufragés.

Cet homme peut n'être ni un barbare, ni un odieux criminel. Pris entre son devoir qui lui ordonne de ménager les vies humaines qui lui sont confiées et sa conscience qui lui commande de tenter l'impossible pour sauver ses semblables, il a pu avoir quelques minutes d'hésitation ou de défaillance, et laisser ainsi échapper le moment favorable pour agir; mais un tribunal composé d'hommes du métier saura tenir compte de toutes les circonstances et n'oubliera pas que, suivant un mot célèbre, il est des moments où le difficile n'est pas de faire son devoir, mais de le connaître.

Aussi nous n'hésitons pas à conclure que le secours des naufragés devrait être obligatoire pour tout navire se trouvant dans les conditions favorables pour le tenter.

Mais pour qu'une loi pénale puisse sanctionner cette obligation, il faut, en toute justice, qu'une loi civile ait préalablement décidé que le sauveteur sera, dans tous les cas, indemnisé de ses dépenses.

Nous avons vu dans la première partie de cette étude que l'armateur du navire naufragé sera le plus souvent insolvable et que le sauveteur se retournera vers l'État dont, pour le moment, la responsabilité n'est pas nettement établie, ni par la doctrine, ni par la jurisprudence. Il nous faut donc examiner dans quelles conditions l'État devrait être chargé d'indemniser les sauveteurs en cas d'insolvabilité de l'armateur responsable.

Remarquons d'abord qu'il existe déjà dans notre budget une dotation destinée à l'allocation de secours aux marins français naufragés.

L'article 12 de la loi du 30 janvier 1893 décide, en effet, qu'une retenue de 4 p. 100 sera prélevée sur le montant des primes à la marine marchande et versée à la Caisse des invalides pour être employée à secourir les marins victimes d'un naufrage ou leurs familles. Cette disposition a été reproduite par les lois du 7 avril 1902 et du 19 avril 1906; le montant de la retenue a varié, les sommes qui en proviennent sont passées de la Caisse des invalides à la Caisse de prévoyance; mais le principe est resté le même et aujourd'hui le chapitre XI de la Caisse de prévoyance a une dotation spéciale pour venir en aide aux marins naufragés. Cette assistance est donnée sous forme de secours pécuniaires aux victimes ou à leurs familles. Sans entrer dans le détail des allocations que des circulaires ministérielles ont établies, bornons-nous à prendre acte de ce fait qu'il y a, dans nos finances, un crédit spécialement destiné au secours des naufragés.

Puisque ce crédit existe, il suffirait d'étendre son affectation pour lui permettre d'indemniser le sauveteur dans le cas qui nous occupe. Ce ne serait pas le détourner du but déterminé par la loi, car une des meilleures façons de secourir les naufragés, c'est d'encourager leur sauvetage en assurant à celui qui le tente le remboursement de ses frais [1].

D'ailleurs les ressources de ce chapitre XI pourraient être augmentées par une contribution payée par la Caisse de prévoyance elle-même..

Cette caisse, en effet, joue vis-à-vis des marins le rôle d'une véritable assurance sur la vie; car si les naufragés ne sont pas secourus, s'ils périssent, elle devra payer à leurs familles des indemnités et des pensions prévues par la loi. Elle profite donc de l'heu-

---

[1] Ce chapitre XI de la Caisse de prévoyance, alimenté par une retenue sur les primes à la marine marchande, réaliserait, en quelque sorte, l'idée suggérée au congrès de Paris de 1900 par l'un des congressistes, M. Berlinghieri.

reuse intervention du sauveteur et il serait juste, à notre avis,
qu'elle contribue à l'indemniser. Dans quelle proportion? Je n'ai
pas les moyens de l'indiquer. Il faudrait connaître les ressources
dont le chapitre XI actuel pourrait disposer ; le surplus serait
fourni par la Caisse de prévoyance dans la limite des besoins.

On objecterait inutilement que les relations qui peuvent exister
entre les gens de mer et leur assureur n'intéressent pas le sauveteur ; et c'est en vain qu'on mettrait en avant l'adage : *Res inter
alios acta*..... Nous répondrions qu'il ne s'agit pas ici d'un contrat
individuel d'assurance que le marin était libre de signer ou de ne
pas conclure. La Caisse de prévoyance est une institution dont
l'usage est obligatoire pour les marins français ; elle s'impose, et
nous ne pouvons pas affecter de l'ignorer lorsque nous examinons
les conséquences d'un accident de mer.

Notons d'ailleurs que la France ne serait pas le seul pays où
l'indemnité de sauvetage serait à la charge des finances publiques.
En Angleterre, si les débris du bâtiment naufragé et de sa cargaison sont insuffisants pour régler les frais de sauvetage des personnes, le « Board of Trade » peut, à son gré, accorder au sauveteur, sur la Caisse de la marine marchande, la somme qu'il juge
convenable. . » (art. 544, § 2, du Merchant Shipping Act de 1894).
C'est un exemple qu'il serait utile de suivre.

*
* *

La conclusion de cette étude est que la législation du sauvetage
des personnes est encore à faire. Le code est muet, la doctrine peu
précise, la jurisprudence mal établie. En attendant qu'un nouveau
congrès international du droit maritime revise les décisions prises
en 1900, la France donnerait un bel exemple en imposant à tous les
navires qui portent son pavillon l'obligation de secourir les naufragés toutes les fois que la chose est possible. Une loi devrait également assurer au sauveteur le remboursement de ses frais en cas
d'insolvabilité de l'armateur du navire naufragé ; le chapitre XI de
la Caisse de prévoyance semble tout désigné pour faire face à ces
dépenses. Bien entendu, cette indemnité payée à l'armateur assistant ne devrait nullement préjudicier aux récompenses honorifiques
accordées à l'équipage sauveteur en raison de son dévouement.

Ces mesures qu'une entente internationale devrait généraliser, consacreraient le grand principe de la solidarité des gens de mer devant le danger. En les édictant, le code s'élèverait au-dessus du niveau des intérêts matériels vulgaires et ferait un pas dans la voie de la fraternité humaine.

DEMOLIÈRE,
Administrateur de 1re classe de l'Inscription maritime.

Paris. — Imprimerie R. CHAPELOT et Ce, 2, rue Christine.

PARIS. — IMPRIMERIE R, CHAPELOT ET C⁰, RUE CHRISTINE, 2.

www.ingramcontent.com/pod-product-compliance
Lightning Source LLC
LaVergne TN
LVHW050350030726
842520LV00005B/2044